実用シーンで学ぶ
入門中国語

宮本大輔・温琳 共著

朝日出版社

音声ダウンロード

 音声再生アプリ「リスニング・トレーナー」新登場（無料）

朝日出版社開発のアプリ、「リスニング・トレーナー（リストレ）」を使えば、教科書の
音声をスマホ、タブレットに簡単にダウンロードできます。どうぞご活用ください。

まずは「リストレ」アプリをダウンロード

▶ App Store はこちら　　　　▶ Google Play はこちら

アプリ【リスニング・トレーナー】の使い方

❶ アプリを開き、「コンテンツを追加」をタップ

❷ QR コードをカメラで読み込む

❸ QR コードが読み取れない場合は、画面上部に 45340 を入力し「Done」をタップします

QR コードは㈱デンソーウェーブの登録商標です

Web ストリーミング音声

http://text.asahipress.com/free/ch/jitsuyoushin

まえがき

　本書は中国語を初めて学習する方のために作成しました。

　本書では、本文に日本と中国の文化的差異を盛り込んだことに加え、補充語彙
や例文、練習問題に現れる単語は、親族名称や国名、職業、色、服飾関係、施設
名…といったように、カテゴリー別にしてあります。これにより、各カテゴリー
に属する単語を効率よく学習することができます。

本書の構成は以下の通りです。

本文：　　各課6文の会話文を用意しました。本文は比較的短いですが、日中
　　　　　　の文化比較ができるような内容にしましたので、中国語を学ぶと同
　　　　　　時に学生の異文化理解力を養うことができます。

新出単語：日常会話に必要と思われる単語を厳選し、本文中に使用しました。
　　　　　　各課12～20程度の新出単語をあげました。

文法項目：初級中国語として、必要な文法項目を厳選しました。HSK2級にも
　　　　　　対応可能です。

現学現用：補充語彙です。各課10～20の補充語彙を用意しました。全てその課
　　　　　　で扱っているカテゴリーに属するもの、あるいは関係するもので統
　　　　　　一しました。

趁热打铁：文法の置き換え練習です。各題4つの語彙を設定し、置き換え練習
　　　　　　ができるようにしました。

練習問題：学生のコミュニケーション力向上に必要となる練習（リスニング、
　　　　　　日文中訳、会話穴埋め）をコンパクトにまとめました。

　本書の学習を通して多くの学生が中国語やその背後にある中国文化に興味を持
ち、異文化理解力を身につけることを願ってやみません。

　執筆に当たっては、朝日出版社許英花様から多大なご協力を賜りました。この
場を借りてお礼申し上げます。

2020年　著者

目次

发音 (一)

1 声調

　中国語には、声調という音の高さを表す概念がある。第1声、第2声、第3声、第4声の4つである。この他、軽く弱く発音する「軽声」というものもある。

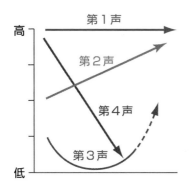

第一声：高く平らな音　　　ā

第二声：ぐっと上げる音　　á

第三声：低く抑える音　　　ǎ

第四声：すとんと下げる音　à

軽　声：軽く弱く発音する　a

2 単母音

　発音の基本となる単母音は6つある。このうち、i、u、üは子音を伴わず単独で音節を構築する際、それぞれ yi、wu、yu と表記する。

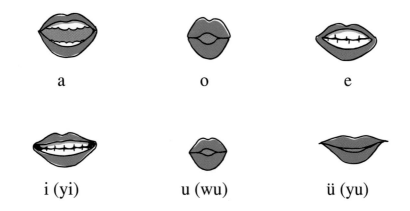

a　　　　　　　　　o　　　　　　　　　e

i (yi)　　　　　　u (wu)　　　　　　ü (yu)

3 そり舌母音

er

趁热打铁 次の音節を発音しなさい。

① ā ō ē   ⑤ yī wū yū ēr
② á ó é   ⑥ yí wú yú ér
③ ǎ ǒ ě   ⑦ yǐ wǔ yǔ ěr
④ à ò è   ⑧ yì wù yù èr

4 子音

03

中国語には21の子音がある。それぞれ発音の際に使用する部位により、以下のように分けることができる。

	無気音	有気音	鼻音	摩擦音	側面音
唇音	b(o)	p(o)	m(o)	f(o)	
舌尖音	d(e)	t(e)	n(e)		l(e)
舌根音	g(e)	k(e)		h(e)	
舌面音	j(i)	q(i)		x(i)	
そり舌音	zh(i)	ch(i)		sh(i)	r(i)
舌歯音	z(i)	c(i)		s(i)	

趁热打铁

(1) 次の音節を発音しなさい。

① bā pí mǔ fà   ④ jù qū xú
② dú tǐ nǔ lā   ⑤ zhā chú shě rù
③ gǔ kè hū   ⑥ zé cǎ sù

(2) 次の単語を発音しなさい。

① bǐmò （笔墨）   ④ shùjù （数据）   ⑦ fǎlǜ （法律）
② lèqù （乐趣）   ⑤ pífū （皮肤）   ⑧ rèqì （热气）
③ kǎchē （卡车）   ⑥ cíxù （词序）   ⑨ qīzǐ （妻子）

第二课

发音 (二)

1 複母音

(1) 強弱型

ai　　　　ei　　　　ao　　　　ou

(2) 弱強型

ia　　　　ie　　　　ua　　　　uo　　　　üe
(ya)　　　(ye)　　　(wa)　　　(wo)　　　(yue)

(3) 弱強型

iao　　　　uai　　　　iou　　　　uei
(yao)　　　(wai)　　　(you)　　　(wei)

趁热打铁 次の単語を発音しなさい。

① huíjiā　（回家）　　④ guàhào　（挂号）　　⑦ jiéguǒ　（结果）

② àihào　（爱好）　　⑤ yuèqiú　（月球）　　⑧ tuōlěi　（拖累）

③ bǎobèi　（宝贝）　　⑥ yàoxiào　（药效）　　⑨ shǒubèi　（手背）

2 鼻母音

n

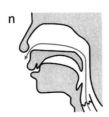

ng

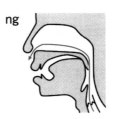

(1) 前鼻母音

an　　en　　ian　　in　　uan　　uen　　üan　　ün
　　　　　（yan）（yin）（wan）（wen）（yuan）（yun）

(2) 奥鼻母音

ang　　eng　　ong　　iang　　ing　　iong　　uang　　ueng
　　　　　　　　　　（yang）（ying）（yong）（wang）（weng）

趁热打铁 次の単語を発音しなさい。

① yínháng　（银行）　　⑥ huānyíng　（欢迎）
② diànyǐng　（电影）　　⑦ bànniáng　（伴娘）
③ cāntīng　（餐厅）　　⑧ qiánnián　（前年）
④ píngbǎn　（平板）　　⑨ gōngwùyuán　（公务员）
⑤ pínqióng　（贫穷）

3 発音上・表記上の規則

06

(1) 第3声の変調

① 第3声＋第3声 → 第2声＋第3声

② 第3声＋第1声／第2声／第4声 → 半3声＋第1声／第2声／第4声

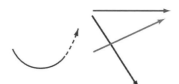

趁热打铁 次の単語を発音しなさい。

① shuǐguǒ　（水果）　　④ qǔxiāo　（取消）　　⑦ gǔpiào　（股票）
② zhǎoqián　（找钱）　　⑤ kělè　（可乐）　　⑧ lǚyóu　（旅游）
③ fǔdǎo　（辅导）　　⑥ nǎohǎi　（脑海）　　⑨ zhǔyǔ　（主语）

(2) "一 yī" の変調

① "一 yī" ＋第4声 → "一 yí" ＋第4声

② "一 yī" + 第1声／第2声／第3声 → <u>"一 yì"</u> + 第1声／第2声／第3声

次のピンインを規則に則り書き改め、発音しなさい。

① yībān　（一般）→ （　　　　　　　　）
② yīdìng　（一定）→ （　　　　　　　　）
③ yīqǐ　（一起）→ （　　　　　　　　）
④ yī nián　（一年）→ （　　　　　　　　）

(3)　"不 bù" の変調

③ "不 bù" + 第4声 → <u>"不 bú"</u> + 第4声

④ "不 bù" + 第1声／第2声／第3声 → <u>"不 bù"</u> + 第1声／第2声／第3声（変化なし）

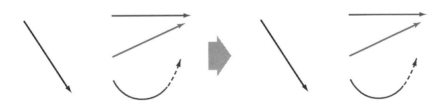

次のピンインを規則に則り書き改め、発音しなさい。

① bù chī　（不吃）→ （　　　　　　　　）
② bù lái　（不来）→ （　　　　　　　　）
③ bù qù　（不去）→ （　　　　　　　　）
④ bù qǔ　（不娶）→ （　　　　　　　　）

4 "儿化"音

huā	→ huār	（花儿）	hǎowán	→ hǎowánr	（好玩儿）
zhěnggè	→ zhěnggèr	（整个儿）	chūmén	→ chūménr	（出门儿）
xiǎohái	→ xiǎoháir	（小孩儿）	diànyǐng	→ diànyǐngr	（电影儿）

5 数字 (1～99)

一	二	三	四	五	六	七	八	九	十
yī	èr	sān	sì	wǔ	liù	qī	bā	jiǔ	shí

十一	十二	十三	…	十八	十九	二十	三十四	四十五	一百
shíyī	shí'èr	shísān	…	shíbā	shíjiǔ	èrshí	sānshisì	sìshiwǔ	yìbǎi

 次の数字をピンインに書き改め、発音しなさい。

① 3 2 → （ 　　　　　　 ）　　　④ 8 3 → （ 　　　　　　　　 ）

② 6 4 → （ 　　　　　　 ）　　　⑤ 9 1 → （ 　　　　　　　　 ）

③ 7 9 → （ 　　　　　　 ）　　　⑥ 5 7 → （ 　　　　　　　　 ）

6 授業用語

①	老师好！	Lǎoshī hǎo!
②	同学们好！	Tóngxuémen hǎo!
③	现在开始上课。	Xiànzài kāishǐ shàngkè.
④	今天学习第三课。	Jīntiān xuéxí dì sān kè.
⑤	请翻到第十一页。	Qǐng fāndào dì shíyī yè.
⑥	请跟我念一下生词／课文。	Qǐng gēn wǒ niàn yíxià shēngcí/kèwén.
⑦	请你回答我的问题。	Qǐng nǐ huídá wǒ de wèntí.
⑧	今天的课到此为止。	Jīntiān de kè dào cǐ wéi zhǐ.
⑨	老师再见！	Lǎoshī zàijiàn!
⑩	同学们再见！	Tóngxuémen zàijiàn!

我｜叫｜明｜理

🔊 10

明理： 你 好， 我 叫 西山 明理。
Nǐ hǎo, wǒ jiào Xīshān Mínglǐ.

田天： 你 好， 我 叫 田天。
Nǐ hǎo, wǒ jiào Tián Tiān.

明理： 我 是 日本人。
Wǒ shì Rìběnrén.

田天： 我 是 留学生。
Wǒ shì liúxuéshēng.

明理： 握手 吗？
Wòshǒu ma?

田天： 哈 哈 哈， 上班 的 人 握手。
Ha ha ha, shàngbān de rén wòshǒu.

我是留学生

我是日本人

生词 🔊 11

☐ ❶ 你好 nǐ hǎo こんにちは
☐ ❷ 我 wǒ 私
☐ ❸ 叫 jiào 名前は〜という
☐ ❹ 是 shì 〜です
☐ ❺ 日本人 Rìběnrén 日本人
☐ ❻ 留学生 liúxuéshēng 留学生

☐ ❼ 握手 wòshǒu 握手する
☐ ❽ 吗 ma 〜ですか
☐ ❾ 哈哈哈 ha ha ha 笑い声
☐ ❿ 上班 shàngbān 出勤する
☐ ⓫ 的 de 〜の
☐ ⓬ 人 rén 人

◁)) 12

1　人称代詞

	一人称	二人称	三人称	不定称
単数	我（私） wǒ	你/您（あなた） nǐ/nín	他/她（彼/彼女） tā	谁（だれ） shéi/shuí
複数	我们/咱们（私たち） wǒmen/zánmen	你们（あなたたち） nǐmen	他们/她们（彼ら/彼女たち） tāmen	

❶ 我叫西山明理。　　　　　Wǒ jiào Xīshān Mínglǐ.

❷ 谁叫田天？　　　　　　　Shéi jiào Tián Tiān?

2　判断文

主語 + 是 + 名詞
主語 + 不 + 是 + 名詞

❶ 我是韩国人。　　　　　　Wǒ shì Hánguórén.

❷ 他不是老师。　　　　　　Tā bú shì lǎoshī.

3　連体修飾語 "的"

名詞／人称代詞 + 的 + 普通名詞
人称代詞（ + 的） + 身近な人を表す名詞／所属を表す名詞

❶ 田天的哥哥是工薪族。　　Tián Tiān de gēge shì gōngxīnzú.

❷ 我妈妈是中国人。　　　　Wǒ māma shì Zhōngguórén.

現学現用 ✎　　　　　　　　　　　◁)) 13

1. 韩国人 Hánguórén

2. 老师 lǎoshī

3. 工薪族 gōngxīnzú

4. 哥哥 gēge

5. 妈妈 māma

6. 爸爸 bàba

7. 中国人 Zhōngguórén

8. 美国人 Měiguórén

9. 学生 xuésheng

10. 律师 lùshī

11. 姐姐 jiějie

12. 弟弟 dìdi

13. 闺蜜 guīmì

14. 朋友 péngyou

趁热打铁

例にならって会話練習をしてみよう。

🔊 14

你（我）／西山明理　　他／田天　　她／童瑶　　你（我）爸爸／西山明智

例 A　　你　叫　什么　名字？　　＊什么：何、どんな、名字：名前
　　　　Nǐ　jiào　shénme　míngzi?

　　B　　我　叫　西山　明理　。
　　　　Wǒ　jiào　Xīshān　Mínglǐ　.

是／日本人　　不是／美国人　　是／学生　　不是／律师

例 A　你　是　日本人　吗？
　　　Nǐ　shì　Rìběnrén　ma?

　　B　我　是　日本人　。
　　　Wǒ　shì　Rìběnrén　.

她／我姐姐　　他／我们的朋友　　你（我）／她弟弟　　她们／西山的闺蜜

例 A　　她　是　谁？
　　　　Tā　shì　shéi?

　　B　　她　是　我　姐姐　。
　　　　Tā　shì　wǒ　jiějie　.

第三课　我叫明理

練 习

15 1 質問に対する答えを自由に書きなさい。

①

②

③

2 以下の日本語の文を中国語に訳しなさい。

① 私の姉は弁護士です。

② 彼は留学生ではありません。

③ 彼女は西山さんの（女性の）親友です。

3 会話を完成させなさい。

A：你 好！
Nǐ hǎo!

B：你 好！
Nǐ hǎo!

A：你 是 ＿＿＿＿＿ 吗？
Nǐ shì　　　　 ma?

B：不，我 不 是 ＿＿＿＿＿。
Bù, wǒ bú shì　　　　.

A：你 是 ＿＿＿＿＿ 吗？
Nǐ shì　　　　 ma?

B：对，我 是 ＿＿＿＿＿。
Duì, wǒ shì　　　　.

穿"白无垢"

🔊 16

明理：你 看，那 是 日式 婚礼。
Nǐ kàn, nà shì rìshì hūnlǐ.

田天：新娘 穿 的 白色 衣服 是 什么？
Xīnniáng chuān de báisè yīfu shì shénme?

明理：那 叫 "白无垢"。
Nà jiào "báiwúgòu".

田天：日式 婚礼 新娘 都 穿 "白无垢" 吗？
Rìshì hūnlǐ xīnniáng dōu chuān "báiwúgòu" ma?

明理：有的 人 穿 婚纱。中国 呢？
Yǒude rén chuān hūnshā. Zhōngguó ne?

田天：中式 婚礼 新娘 一般 都 穿 红色 的 旗袍。
Zhōngshì hūnlǐ xīnniáng yìbān dōu chuān hóngsè de qípáo.

生词 🔊 17

- ❶ 看 kàn 見る
- ❷ 那 nà あれ、それ
- ❸ 日式 rìshì 日本式
- ❹ 婚礼 hūnlǐ 結婚式
- ❺ 新娘 xīnniáng 新婦
- ❻ 穿 chuān 着る
- ❼ 白色 báisè 白
- ❽ 衣服 yīfu 服
- ❾ 什么 shénme 何
- ❿ 白无垢 báiwúgòu 白無垢
- ⓫ 都 dōu 全て、全部、皆
- ⓬ 有的人 yǒude rén 一部の人
- ⓭ 中国 Zhōngguó 中国
- ⓮ 呢 ne ～は？
- ⓯ 红色 hóngsè 赤
- ⓰ 旗袍 qípáo チャイナドレス

🔊 18

1 指示代词

	近称	远称	不定称
单数	这/这个 zhè/zhège	那/那个 nà/nàge	哪/哪个 nǎ/nǎge
複数	这些 zhèxiē	那些 nàxiē	哪些 nǎxiē
场所	这儿 zhèr	那儿 nàr	哪儿 nǎr

❶ 这是谁的牛仔裤？　　　Zhè shì shéi de niúzǎikù?

❷ 那些裙子都是我姐姐的。　Nàxiē qúnzi dōu shì wǒ jiějie de.

2 動詞述語文

主語 + 動詞（+ **目的語**）
主語 + **不** + 動詞（+ **目的語**）

❶ 我弟弟穿袜子。　　　Wǒ dìdi chuān wàzi.

❷ 我们不戴帽子。　　　Wǒmen bú dài màozi.

3 省略疑問文

名詞 + 呢？

❶ 我买白色的风衣，你呢？　　Wǒ mǎi báisè de fēngyī, nǐ ne?　　＊买：買う

❷ 我们的老师戴眼镜，你们的老师呢？

　　Wǒmen de lǎoshī dài yǎnjìng, nǐmen de lǎoshī ne?

现学现用 ✍　　🔊 19

1. （条）牛仔裤 (tiáo) niúzǎikù

2. （条）裙子 (tiáo) qúnzi

3. 穿袜子 chuān wàzi

4. 戴帽子 dài màozi

5. 白色 báisè

6. （件）风衣 (jiàn) fēngyī

7. 戴眼镜 dài yǎnjìng

8. （条）连衣裙 (tiáo) liányīqún

9. （双）高跟鞋 (shuāng) gāogēnxié

10. （条）裤子 (tiáo) kùzi

11. 系领带 jì lǐngdài

12. （双）凉鞋 (shuāng) liángxié

13. 颜色 yánsè

14. （件）毛衣 (jiàn) máoyī

15. （件）衬衫 (jiàn) chènshān

16. 蓝色 lánsè

17. 浅蓝色 qiǎnlánsè

18. 黑色 hēisè

19. 咖啡色 kāfēisè

20. 粉色 fěnsè

21. 振袖 zhènxiù

趁热打铁

例にならって会話練習をしてみよう。

🔊 20

1　指示代詞

件／毛衣／我

件／连衣裙／我姐姐

双／高跟鞋／我妈妈

条／裤子／我弟弟

例　Ⓐ　那　<u>件</u>　<u>毛衣</u>　是　谁　的？
　　　　Nà　jiàn　máoyī　shì shéi de?

　　Ⓑ　那　<u>件</u>　<u>毛衣</u>　是　<u>我</u>　的。
　　　　Nà　jiàn　máoyī　shì　wǒ　de.

2　動詞述語文

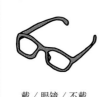
戴／眼镜／不戴

系／领带／不系

穿／牛仔裤／不穿

穿／凉鞋／不穿

例　Ⓐ　今天　你　<u>戴</u>　<u>眼镜</u>　吗？
　　　　Jīntiān nǐ　dài　yǎnjìng　ma?

　　Ⓑ　不，我　<u>不戴</u>　<u>眼镜</u>　。
　　　　Bù,　wǒ　bú dài　yǎnjìng　.

3　省略疑問文

这件旗袍／那件

那条裤子／这条

这双高跟鞋／那双

那条裙子／这条

例　Ⓐ　我买　<u>这件旗袍</u>　，你　呢？
　　　　Wǒ mǎi　zhè jiàn qípáo　, nǐ ne?

　　Ⓑ　我买　<u>那件</u>　。
　　　　Wǒ mǎi　nà jiàn　.

🔊 21 **1** 質問に対する答えを自由に書きなさい。

① ....

② ....

③ ....

2 以下の日本語の文を中国語に訳しなさい。

① このセーターは弟のです。

....

② （日本の結婚式では）新婦は「白無垢」を着ます。

....

③ 私の兄は眼鏡をかけていません。あなたのお兄さんは？

....

3 会話を完成させなさい。

A： 那 是 什么？
　　Nà shì shénme?

B： 那 是 日本 的 成人节。　　＊成人节：成人式
　　Nà shì Rìběn de chéngrénjié.

A： 女孩子 穿 的 ....？　　＊女孩子：女の子
　　Nǚháizi chuān de 　　　　　　？

B： 那 叫 "振袖"。
　　Nà jiào "zhènxiù".

A： 男孩子 也 ....？　　＊也：も、男孩子：男の子
　　Nánháizi yě 　　　　？

B： 男孩子 也 ....。
　　Nánháizi yě 　　　　．

打 | 车 | 去 | 吧

◁)) 22

明理： 咱们 打车 去 电影院 吧。
Zánmen dǎchē qù diànyǐngyuàn ba.

田天： 到 电影院 要 多 长 时间？
Dào diànyǐngyuàn yào duō cháng shíjiān?

明理： 十五 分钟。
Shíwǔ fēnzhōng.

田天： 到 了。你 先 下车 吧，我 关 车门。
Dào le. Nǐ xiān xiàchē ba, wǒ guān chēmén.

明理： 车门 是 自动 的，不用 关。
Chēmén shì zìdòng de, búyòng guān.

田天： 中国 的 出租车 乘客 要 关门。
Zhōngguó de chūzūchē chéngkè yào guānmén.

生词 ◁)) 23

- ❶ 打车 dǎchē タクシーを拾う
- ❷ 去 qù 行く
- ❸ 电影院 diànyǐngyuàn 映画館
- ❹ 吧 ba ～しましょう
- ❺ 到 dào ～まで、着く
- ❻ 要 yào 要する、かかる
- ❼ 多长时间 duō cháng shíjiān
   どれくらいの時間
- ❽ 分钟 fēnzhōng 分間
- ❾ 了 le ～した
- ❿ 先 xiān まず
- ⓫ 下车 xiàchē 车を降りる
- ⓬ 关 guān 闭める
- ⓭ 车门 chēmén 车のドア
- ⓮ 自动 zìdòng 自動的に
- ⓯ 不用 búyòng 必要としない
- ⓰ 出租车 chūzūchē タクシー
- ⓱ 乘客 chéngkè 乗客
- ⓲ 要 yào ～しなければならない
- ⓳ 关门 guānmén ドアを閉める

🔊 24

① 連動文

主語＋動詞１（＋目的語１）＋動詞２（＋目的語２）
主語＋不＋動詞１（＋目的語１）＋動詞２（＋目的語２）

❶ 我坐地铁回家。　　　Wǒ zuò dìtiě huíjiā.　　＊回家：帰宅する
❷ 我不开车去学校。　　Wǒ bù kāichē qù xuéxiào.

② 介詞 "到"

（主語＋）到＋場所＋動詞＋目的語

❶ 到车站怎么走？　　　Dào chēzhàn zěnme zǒu?　　＊走：行く、歩く、怎么：どうやって
❷ 到机场要三十分钟。　Dào jīchǎng yào sānshí fēnzhōng.

③ 能願動詞 "要"

（主語＋）要＋動詞（＋目的語）
（主語＋）不用＋動詞（＋目的語）

❶ 去中国要坐飞机。　　　Qù Zhōngguó yào zuò fēijī.
❷ 田天去女朋友家不用坐新干线。　＊女朋友：彼女、家：家
　　　　　　　　　　　　　Tián Tiān qù nǚpéngyou jiā búyòng zuò xīngànxiàn.

现学现用　✎　　🔊 25

1. 坐地铁 zuò dìtiě	6. 成田机场 Chéngtián jīchǎng	11. 坐公交车 zuò gōngjiāochē
2. 开车 kāichē	7. 坐飞机 zuò fēijī	12. 坐山手线 zuò Shānshǒuxiàn
3. 车站 chēzhàn	8. 坐新干线 zuò xīngànxiàn	13. 机场巴士 jīchǎng bāshì
4. 机场 jīchǎng	9. 坐高铁 zuò gāotiě	14. 成田特快 Chéngtián tèkuài
5. 羽田机场 Yǔtián jīchǎng	10. 骑自行车 qí zìxíngchē	15. 高速巴士 gāosù bāshì

趁热打铁

例にならって会話練習をしてみよう。　　　　　　　🔊 26

1 連動文

 学校／坐地铁　　 车站／骑自行车　　 中国／坐飞机　　 车站／坐公交车

例 A 你 怎么 去 <u>学校</u> ?
Nǐ zěnme qù xuéxiào ?

B 我 <u>坐 地铁</u> 去 <u>学校</u> 。
Wǒ zuò dìtiě qù xuéxiào .

2 介詞 "到"

 车站／十分钟　　 学校／八分钟　　 机场／四十分钟　　 电影院／五分钟

例 A 到 <u>车站</u> 要 多 长 时间?
Dào chēzhàn yào duō cháng shíjiān?

B 到 <u>车站</u> 要 <u>十 分钟</u> 。
Dào chēzhàn yào shí fēnzhōng .

3 能願動詞 "要"

 动物园／坐山手线　　 羽田机场／坐机场大巴　　 你女朋友家／坐高速巴士　　 成田机场／坐成田特快

例 A 去 <u>动物园</u> 要 坐 什么 车?
Qù dòngwùyuán yào zuò shénme chē?

B 去 <u>动物园</u> 要 <u>坐 山手线</u> 。
Qù dòngwùyuán yào zuò Shānshǒuxiàn .

第五课 ｜ 打车去吧

23

🔊 27 **1** 質問に対する答えを自由に書きなさい。

① ....

② ....

③ ....

2 以下の日本語の文を中国語に訳しなさい。

① アメリカに行くには飛行機に乗らなければなりません。

....

② 空港までは30分かかります。

....

③ 中国のタクシーはお客さんがドアを閉めなければなりません。

....

3 会話を完成させなさい。

A： 到 ＿＿＿＿＿＿ 要 多 长 时间？
　　Dào　　　　　　yào duō cháng shíjiān?

B： 你 怎么 去？
　　Nǐ zěnme qù?

A： 坐 ＿＿＿＿＿＿。
　　Zuò　　　　　　　.

B： 坐 ＿＿＿＿＿ 要 ＿＿＿＿＿＿。
　　Zuò　　　　　yào　　　　　　　.

A： 高铁 呢？
　　Gāotiě ne?

B： 坐 高铁 要 ＿＿＿＿＿＿。
　　Zuò gāotiě yào　　　　　　.

什么都有

🔊 28

田天： 日本 的 大学 有 宿舍 吗？
Rìběn de dàxué yǒu sùshè ma?

明理： 一般 没有。日本 的 大学生 租 房子。
Yìbān méiyǒu. Rìběn de dàxuéshēng zū fángzi.

田天： 有 洗衣店 吗？
Yǒu xǐyīdiàn ma?

明理： 当然 没有。为 什么 这么 问？
Dāngrán méiyǒu. Wèi shénme zhème wèn?

田天： 中国 的 大学 什么 都 有。
Zhōngguó de dàxué shénme dōu yǒu.

明理： 真 想 去 看看。
Zhēn xiǎng qù kànkan.

生词 🔊 29

- ❶ 日本 Rìběn 日本
- ❷ 大学 dàxué 大学
- ❸ 有 yǒu ある、いる
- ❹ 宿舍 sùshè 宿舍、寮
- ❺ 一般 yìbān 一般的に、普通
- ❻ 没 méi 〜ない
- ❼ 大学生 dàxuéshēng 大学生
- ❽ 租 zū 借りる

- ❾ 房子 fángzi 家、家屋
- ❿ 洗衣店 xǐyīdiàn クリーニング店
- ⓫ 当然 dāngrán 当然、もちろん
- ⓬ 为什么 wèi shénme なぜ
- ⓭ 这么 zhème こんなに
- ⓮ 问 wèn 尋ねる、問う
- ⓯ 真 zhēn 本当に
- ⓰ 想 xiǎng 〜したい

◀))) 30

1 存在・所有を表す "有"

場所／主語＋有＋ひと・もの
場所／主語＋没有＋ひと・もの

❶ 这附近有中国饭店。　　　Zhè fùjìn yǒu zhōngguó fàndiàn.
❷ 那个公司没有吸烟室。　　Nàge gōngsī méiyǒu xīyānshì.

2 能願動詞 "想"

主語＋想＋動詞（＋目的語）
主語＋不＋想＋動詞（＋目的語）

❶ 我想去药妆店。　　　　Wǒ xiǎng qù yàozhuāngdiàn.
❷ 西山不想去驾校。　　　Xīshān bù xiǎng qù jiàxiào.

3 動詞の重ね型

主語＋動詞＋動詞（＋目的語）
主語＋動詞＋一＋動詞（＋目的語）

❶ 我想去逛逛动物园。　　　Wǒ xiǎng qù guàngguang dòngwùyuán.　　＊逛：散歩する
❷ 我想去看一看晴空塔。　　Wǒ xiǎng qù kànyikàn Qíngkōngtǎ.

现学现用 ✐　　　　　　　　　　　　　　　　　◀))) 31

1. 附近 fùjìn

2. 饭店 fàndiàn

3. 公司 gōngsī

4. 吸烟室 xīyānshì

5. 药妆店 yàozhuāngdiàn

6. 驾校 jiàxiào

7. 动物园 dòngwùyuán

8. 晴空塔 Qíngkōngtǎ

9. 邮局 yóujú

10. 学校 xuéxiào

11. 自动取款机 zìdòng qǔkuǎnjī

12. 车站 chēzhàn

13. 便利店 biànlìdiàn

14. 水族馆 shuǐzúguǎn

15. 游乐园 yóulèyuán

16. 金阁寺 Jīngésì

17. 富士山 Fùshìshān

18. 购物中心 gòuwù zhōngxīn

19. 百货商店 bǎihuò shāngdiàn

趁热打铁

例にならって会話練習をしてみよう。　🔊 32

1 存在・所有を表す"有"

这附近／邮局

你们(我们)学校／自动取款机

车站附近／便利店

这附近／药妆店

例 A　这　附近　有　邮局　吗？
　　Zhè　fùjìn　yǒu　yóujú　ma?

B　这　附近　有　邮局　。
　　Zhè　fùjìn　yǒu　yóujú　.

2 能願動詞"想"

不想／动物园

想／水族馆

不想／晴空塔

想／游乐园

例 A　今天　你　想　去　动物园　吗？
　　Jīntiān　nǐ　xiǎng　qù　dòngwùyuán　ma?

B　今天　我　不　想　去　动物园　。
　　Jīntiān　wǒ　bù　xiǎng　qù　dòngwùyuán　.

3 動詞の重ね型

看看／金阁寺

逛逛／购物中心

看看／富士山

逛逛／百货商店

例 A　你　想　去　看看　金阁寺　吗？
　　Nǐ　xiǎng　qù　kànkan　Jīngésì　ma?

B　我　想　去　看看　金阁寺　。
　　Wǒ　xiǎng　qù　kànkan　Jīngésì　.

🔊 33 **1** 質問に対する答えを自由に書きなさい。

① _____

② _____

③ _____

2 以下の日本語の文を中国語に訳しなさい。

① 田天さんは自動車学校に行きたいと思っています。

_____

② 中国の大学には何でもあります。

_____

③ 学校の近くには中華料理屋さんはありません。

_____

3 会話を完成させなさい。

A： 中国　的 大学　有 ＿＿＿＿＿＿ 吗？
　　Zhōngguó de dàxué yǒu ma?

B： 没有。
　　Méiyǒu.

A： 有 ＿＿＿＿＿ 吗？
　　Yǒu ma?

B： 也 ＿＿＿。 为 什么 这么 问？
　　Yě . Wèi shénme zhème wèn?

A： 咱们　学校 ＿＿＿＿＿＿。
　　Zánmen xuéxiào .

B： 真　想　去　看看。
　　Zhēn xiǎng qù kànkan.

很|不|舒|服

🔊 34

明理：我 感冒 了，很 不 舒服。
Wǒ　gǎnmào　le,　hěn　bù　shūfu.

田天：吃 药 了 吗？
Chī　yào　le　ma?

明理：还 没 吃。我 打算 下午 去 医院。
Hái　méi　chī.　Wǒ　dǎsuàn　xiàwǔ　qù　yīyuàn.

田天：打针 或者 输液 吗？
Dǎzhēn　huòzhě　shūyè　ma?

明理：不用。日本 医院 的 处方药 很 管用。
Búyòng.　Rìběn　yīyuàn　de　chǔfāngyào　hěn　guǎnyòng.

田天：中国人 感冒 也 经常 打针、输液。
Zhōngguórén　gǎnmào　yě　jīngcháng　dǎzhēn、　shūyè.

生词　🔊 35

- ☐ ❶ 感冒 gǎnmào 風邪をひく
- ☐ ❷ 了 le ～になった
- ☐ ❸ 舒服 shūfu 気分が良い
- ☐ ❹ 吃 chī 飲む
- ☐ ❺ 药 yào 薬
- ☐ ❻ 还 hái まだ
- ☐ ❼ 打算 dǎsuàn ～するつもりだ
- ☐ ❽ 下午 xiàwǔ 午後
- ☐ ❾ 医院 yīyuàn 病院
- ☐ ❿ 打针 dǎzhēn 注射をうつ
- ☐ ⓫ 或者 huòzhě あるいは
- ☐ ⓬ 输液 shūyè 点滴する
- ☐ ⓭ 处方药 chǔfāngyào 処方薬
- ☐ ⓮ 管用 guǎnyòng 効き目がある
- ☐ ⓯ 也 yě ～も
- ☐ ⓰ 经常 jīngcháng よく

❶ 完了のアスペクト "了"

主語＋動詞（＋了）＋目的語＋了
主語＋動詞＋了＋限定語＋目的語
主語＋没（有）＋動詞＋目的語

❶ 西山吃了一粒药。　　　Xīshān chīle yí lì yào.
❷ 他没量体温。　　　　　Tā méi liáng tǐwēn.

❷ 形容詞述語文

主語＋程度副詞＋形容詞
主語＋不＋形容詞

❶ 今天我的头很疼。　　　Jīntiān wǒ de tóu hěn téng.
❷ 我的腿不酸。　　　　　Wǒ de tuǐ bù suān.

❸ 予定を表す "打算"

主語＋打算＋動詞（＋目的語）
主語＋不＋打算＋動詞（＋目的語）

❶ 他打算去看病。　　　　Tā dǎsuàn qù kànbìng.
❷ 我爷爷不打算住院。　　Wǒ yéye bù dǎsuàn zhùyuàn. ＊爷爷：祖父

现学现用　　　🔊 37

1. (粒) 药 (lì) yào

2. 量体温 liáng tǐwēn

3. 头疼 tóuténg

4. 腿 tuǐ

5. 酸 suān

6. 看病 kànbìng

7. 住院 zhùyuàn

8. 打喷嚏 dǎ pēntì

9. 花粉过敏 huāfěn guòmǐn

10. 咳嗽 késou

11. 拉肚子 lā dùzi

12. 发烧 fāshāo

13. 嗓子疼 sǎngzi téng

14. 肚子疼 dùzi téng

15. 恶心 ěxīn

16. 做手术 zuò shǒushù

17. 出院 chūyuàn

例にならって会話練習をしてみよう。 🔊 38

1 完了のアスペクト"了"

 量体温／没有
 咳嗽／了
 吃药／没有
 发烧／了

例 A 你 <u>量 体 温</u> 了 吗？
　　Nǐ　liáng tǐwēn　le ma?

B 我 没有 <u>量 体 温</u>。
　Wǒ méiyǒu　liáng tǐwēn.

2 形容詞述語文

 你(我)的肚子／疼／不疼
 你(我)的嗓子／疼／很疼
 你(我)／不舒服
 你(我)的腿／酸／不酸

例 A <u>你 的 肚子</u> <u>疼</u> 吗？
　　Nǐ de dùzi　téng ma?

B <u>我 的 肚子</u> <u>不 疼</u>。
　Wǒ de dùzi　bù téng.

3 予定を表す"打算"

 你(我)姐姐／住院
 你(我)爸爸／做手术
 你(我)爷爷／出院
 你(我)／看病

例 A 你 <u>姐姐</u> 打算 <u>住院</u> 吗？
　　Nǐ jiějie　dǎsuàn zhùyuàn ma?

B 我 <u>姐姐</u> 打算 <u>住院</u>。
　Wǒ jiějie　dǎsuàn zhùyuàn.

🔊 39 **1** 質問に対する答えを自由に書きなさい。

① ....

② ....

③ ....

2 以下の日本語の文を中国語に訳しなさい。

① （私の）頭が痛い。

....

② 田天さんの友だちは風邪をひきました。

....

③ 私は明日薬を飲むつもりです。

....

3 会話を完成させなさい。

A： 我　早上 .... 。　　＊早上：朝
　　Wǒ　zǎoshang ....

B： 感冒　吧？
　　Gǎnmào　ba?

A： 不　是。是 .... 。
　　Bú　shì.　Shì ....

B： 去 .... 了　吗？
　　Qù .... le　ma?

A： 去　了。开了　两　种　药。　　＊种：種類
　　Qù　le.　Kāile　liǎng　zhǒng　yào.

B： .... 很　管用。
　　.................................... hěn　guǎnyòng.

不｜能｜骑｜车

 40

田天： 我 用 一下 你 的 自行车， 行 吗？
Wǒ yòng yíxià nǐ de zìxíngchē, xíng ma?

明理： 行。我 的 自行车 在 停车处。你 要 去 哪儿？
Xíng. Wǒ de zìxíngchē zài tíngchēchù. Nǐ yào qù nǎr?

田天： 食堂。教室 离 食堂 太 远 了。
Shítáng. Jiàoshì lí shítáng tài yuǎn le.

明理： 可是 学校 里 不 能 骑 自行车。
Kěshì xuéxiào li bù néng qí zìxíngchē.

田天： 是 吗？ 中国 的 学校 可以 骑。
Shì ma? Zhōngguó de xuéxiào kěyǐ qí.

明理： 真 方便。
Zhēn fāngbiàn.

PARKING

生词  41

☐ ❶ 用 yòng 使う
☐ ❷ 一下 yíxià 少し、ちょっと
☐ ❸ 自行车 zìxíngchē 自転車
☐ ❹ 行 xíng 良い、構わない
☐ ❺ 在 zài ある、いる
☐ ❻ 停车处 tíngchēchù 駐車場、駐輪場
☐ ❼ 食堂 shítáng 食堂
☐ ❽ 教室 jiàoshì 教室
☐ ❾ 离 lí ～から

☐ ❿ 太…了 tài…le ～すぎる
☐ ⓫ 远 yuǎn 遠い
☐ ⓬ 可是 kěshì しかし
☐ ⓭ 学校 xuéxiào 学校
☐ ⓮ 里 li ～の中
☐ ⓯ 能 néng ～できる
☐ ⓰ 骑 qí 乗る
☐ ⓱ 可以 kěyǐ ～して良い
☐ ⓲ 方便 fāngbiàn 便利である

🔊 42

① 所在を表す "在"

ひと・もの＋在＋場所
ひと・もの＋不＋在＋場所

❶ 图书馆在那边。　　　　Túshūguǎn zài nàbian.　　*那边：あちら、そちら
❷ 田天不在篮球场。　　　Tián Tiān bú zài lánqiúchǎng.

② 介詞 "离"

A＋离＋B＋形容詞
A＋离＋B＋不＋形容詞

❶ 礼堂离办公楼很远。　　Lǐtáng lí bàngōnglóu hěn yuǎn.
❷ 教学楼离校门不远。　　Jiàoxuélóu lí xiàomén bù yuǎn.

③ 能願動詞 "可以"

主語＋可以＋動詞（＋目的語）
主語＋不能＋動詞（＋目的語）

❶ 操场可以踢足球。　　　Cāochǎng kěyǐ tī zúqiú.　　*踢足球：サッカーをする
❷ 实验室不能吃东西。　　Shíyànshì bù néng chī dōngxi.　　*东西：もの

现学现用 ✎　　　　　　　　　　　　　　　　🔊 43

1. 图书馆 túshūguǎn　　　　6. 校门 xiàomén　　　　11. 热水器 rèshuǐqì

2. 篮球场 lánqiúchǎng　　　7. 操场 cāochǎng　　　　12. 楼梯 lóutī

3. 礼堂 lǐtáng　　　　　　　8. 实验室 shíyànshì　　　13. 网球场 wǎngqiúchǎng

4. 办公楼 bàngōnglóu　　　9. 卫生间 wèishēngjiān　　14. 游泳馆 yóuyǒngguǎn

5. 教学楼 jiàoxuélóu　　　10. 电梯 diàntī　　　　　15. 体育馆 tǐyùguǎn

例にならって会話練習をしてみよう。 🔊 44

1 所在を表す"在"

卫生间／教学楼里

电梯／那儿

热水器／楼梯附近

停车处／操场附近

例 A ＿＿卫生间＿＿ 在 哪儿？
　　Wèishēngjiān　zài　nǎr?

　 B ＿＿卫生间＿＿ 在 ＿＿教学楼＿ 里 。
　　Wèishēngjiān　zài　jiàoxuélóu　li .

2 介詞"离"

办公楼／校门

网球场／教室

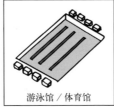
游泳馆／体育馆

食堂／教室

例 A ＿办公楼＿ 离 ＿校门＿ 远 吗？
　　Bàngōnglóu　lí　xiàomén　yuǎn ma?

　 B ＿办公楼＿ 离 ＿校门＿ 不 远。
　　Bàngōnglóu　lí　xiàomén　bù yuǎn.

3 能願動詞"可以"

图书馆里／吃东西／不能

体育馆／踢足球／可以

校门附近／打车／可以

学校里／骑自行车／不能

例 A ＿图书馆＿ 里 可以 ＿吃 东西＿ 吗？
　　Túshūguǎn　li　kěyǐ　chī dōngxi　ma?

　 B ＿图书馆＿ 里 不 能 ＿吃 东西＿ 。
　　Túshūguǎn　li　bù néng　chī dōngxi .

🔊 45 **1** 質問に対する答えを自由に書きなさい。

① ....

② ....

③ ....

2 以下の日本語の文を中国語に訳しなさい。

① 彼らは実験室にいます。

....

② 教室の中はものを食べてはいけません。

....

③ 教室棟は事務棟から遠くありません。

....

3 会話を完成させなさい。

A： .... 在 哪儿？
　　　　　　 zài　nǎr?

B： .... 在 ....。
　　　　　　 zài　　　　　　　　.

A： 离 .... 远 吗？
　　 Lí　　　　　 yuǎn ma?

B： 很 远。
　　 hěn yuǎn.

A： 可以 .... 去 吗？
　　 Kěyǐ　　　　　 qù ma?

B： 学校 里 不 能 骑 车。
　　 Xuéxiào li bù néng qí chē.

困|得|要|命  46

明理： 你 怎么 了？
Nǐ zěnme le?

田天： 我 困得 要命。我 需要 一 罐儿 红牛。
Wǒ kùnde yàomìng. Wǒ xūyào yí guànr hóngniú.

明理： 现在 才 下午 四 点 啊。
Xiànzài cái xiàwǔ sì diǎn a.

田天： 我 今天 中午 没 睡觉。
Wǒ jīntiān zhōngwǔ méi shuìjiào.

明理： 你 每 天 中午 都 睡觉 吗？
Nǐ měi tiān zhōngwǔ dōu shuìjiào ma?

田天： 是 啊。中国人 有 睡 午觉 的 习惯。
Shì a. Zhōngguórén yǒu shuì wǔjiào de xíguàn.

生词 🔊 47

- □ ❶ 困 kùn 眠い
- □ ❷ 得 de 程度補語を導く
- □ ❸ 要命 yàomìng 酷い
- □ ❹ 需要 xūyào 必要である
- □ ❺ 罐儿 guànr 〜缶
- □ ❻ 红牛 hóngniú レッドブル
- □ ❼ 现在 xiànzài 今、现在
- □ ❽ 才 cái ようやく
- □ ❾ 下午 xiàwǔ 午後
- □ ❿ 点 diǎn 〜時
- □ ⓫ 啊 a 語気を和らげる
- □ ⓬ 今天 jīntiān 今日
- □ ⓭ 中午 zhōngwǔ 昼
- □ ⓮ 睡觉 shuìjiào 寝る
- □ ⓯ 每天 měi tiān 毎日
- □ ⓰ 睡午觉 shuì wǔjiào 昼寝をする
- □ ⓱ 习惯 xíguàn 習慣

◁)) 48

1 変化の語気助詞 "了"

主語＋形容詞＋了

❶ 我爷爷的头发白了。　　　Wǒ yéye de tóufa bái le.
❷ 浴缸的水凉了。　　　　　Yùgāng de shuǐ liáng le.

2 程度補語

主語＋形容詞＋得＋很／要命

❶ 我饿得要命。　　　　　　Wǒ ède yàomìng.
❷ 中国的地暖热得很。　　　Zhōngguó de dìnuǎn rède hěn.

3 離合詞

主語＋離合詞［動詞＋目的語］　　＊目的語を後置できない。

❶ 西山早上洗澡。　　　　　Xīshān zǎoshang xǐzǎo.
❷ 他每天吃两顿饭。　　　　Tā měi tiān chī liǎng dùn fàn.　　＊顿：…回、…食

现学现用 ◁)) 49

1. 头发 tóufa

7. 地暖 dìnuǎn

13. 泡澡 pàozǎo

2. 白 bái

8. 热 rè

14. 游泳 yóuyǒng

3. 浴缸 yùgāng

9. 洗澡 xǐzǎo

15. 见面 jiànmiàn

4. 水 shuǐ

10. 吃饭 chīfàn

16. 跑步 pǎobù

5. 凉 liáng

11. 房间 fángjiān

6. 饿 è

12. 暖和 nuǎnhuo

趁热打铁

例にならって会話練習をしてみよう。

🔊 50

1 変化の語気助詞 "了"

房间／暖和

饭／好

你(我)爸爸的头发／白

水／热

例 A 房间 暖和 了 吗？
　　Fángjiān　nuǎnhuo　le　ma?

　B 房间 暖和 了。
　　Fángjiān　nuǎnhuo　le.

2 程度補語

你(我)／困

外面／冷

你(我)／饿

教室／热

例 A 你 困 吗？
　　Nǐ　kùn　ma?

　B 我 困 得 要命。
　　Wǒ　kùn　de　yàomìng.

3 離合詞

泡／澡／两

游／泳／一

见／面／五

跑／步／三

例 A 他们 一 周 泡 几 次 澡？ 　＊周：週、曜日、几：いくつ、次：…回
　　Tāmen　yì　zhōu　pào　jǐ　cì　zǎo？

　B 他们 一 周 泡 两 次 澡。
　　Tāmen　yì　zhōu　pào　liǎng　cì　zǎo.

◁)) 51 **1** 質問に対する答えを自由に書きなさい。

① _____

② _____

③ _____

2 以下の日本語の文を中国語に訳しなさい。

① 教室の中はとっても熱い。

_____

② 私たちは毎日三回ご飯を食べます。

_____

③ 日本人は昼寝をする習慣がありません。

_____

3 会話を完成させなさい。

A： 你 怎么 了？
　　Nǐ zěnme le?

B： 我 _____。
　　Wǒ _____.

A： 你 泡泡 澡 吧。
　　Nǐ pàopao zǎo ba.

B： 中国人 _____。
　　Zhōngguórén _____.

A： 日本人 每 天 泡澡。
　　Rìběnrén měi tiān pàozǎo.

B： 怪不得 _____。　　＊怪不得：どおりで
　　Guàibude _____.

第十课

就｜会｜很｜惨

明理： **今天 在 食堂 吃饭 吧。**
Jīntiān zài shítáng chīfàn ba.

田天： **不 行，我 没 带 学生证。**
Bù xíng, wǒ méi dài xuéshēngzhèng.

明理： **食堂 不 需要 学生证。**
Shítáng bù xūyào xuéshēngzhèng.

田天： **在 中国 的 大学，学生证 也 是 饭卡。**
Zài Zhōngguó de dàxué, xuéshēngzhèng yě shì fànkǎ.

明理： **真 先进。期待 日本 的 大学 也 跟上。**
Zhēn xiānjìn. Qīdài Rìběn de dàxué yě gēnshàng.

田天： **可是 如果 忘带 学生证 就 会 很 惨。**
Kěshì rúguǒ wàngdài xuéshēngzhèng jiù huì hěn cǎn.

生词 🔊 53

- ❶ 在 zài ～で
- ❷ 吃饭 chīfàn 食事をする
- ❸ 带 dài 持つ、身につける
- ❹ 学生证 xuéshēngzhèng 学生証
- ❺ 饭卡 fànkǎ 食事カード
- ❻ 先进 xiānjìn 先進的
- ❼ 期待 qīdài 期待する
- ❽ 跟上 gēnshàng 追いつく
- ❾ 如果…就 rúguǒ…jiù もし～なら
- ❿ 忘 wàng 忘れる
- ⓫ 会 huì ～だろう
- ⓬ 惨 cǎn 悲惨である

1 介詞 "在"

主語＋在＋場所＋動詞（＋目的語）
主語＋不＋在＋場所＋動詞（＋目的語）

❶ 我在便利店扫码支付。　　Wǒ zài biànlìdiàn sǎomǎ zhīfù.
❷ 我姐姐不在公交车上刷卡。　　＊公交车：バス
　　　　　　　　　　　Wǒ jiějie bú zài gōngjiāochēshang shuākǎ.

2 仮定関係 "如果…就"

如果＋仮定の内容＋就＋結果

❶ 如果有支付宝就好了。　　Rúguǒ yǒu zhīfùbǎo jiù hǎo le.
❷ 如果没钱了，在这儿就可以充值。　　Rúguǒ méi qián le, zài zhèr jiù kěyǐ chōngzhí.

3 単純方向補語

動詞＋来／去
動詞＋上／下／进／出／回／过／起

❶ 西山借来一张交通卡。　　Xīshān jièlai yì zhāng jiāotōngkǎ.　　＊借：借りる
❷ 他们走过收银台。　　Tāmen zǒuguo shōuyíntái.　　＊走过：通り過ぎる

现学现用　　🔊 55

1. 扫码支付 sǎomǎ zhīfù	5. 充值 chōngzhí	9. 信用卡 xìnyòngkǎ
2. 刷卡 shuākǎ	6. 会员卡 huìyuánkǎ	10. 苹果支付 píngguǒ zhīfù
3. 支付宝 zhīfùbǎo	7. 收银台 shōuyíntái	11. 现金 xiànjīn
4. 钱 qián	8. 现金卡 xiànjīnkǎ	12. 交通卡 jiāotōngkǎ

趁热打铁

例にならって会話練習をしてみよう。 🔊 56

1 介詞"在"

食堂／用现金卡

便利店／扫码支付

公交车／刷卡

车站／充值

例 A 在 食堂 可以 用 现金卡 吗？
Zài shítáng kěyǐ yòng xiànjīnkǎ ma?

B 在 食堂 可以 用 现金卡 。
Zài shítáng kěyǐ yòng xiànjīnkǎ .

2 仮定関係"如果…就"

带／学生证

带／信用卡

有／苹果支付

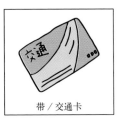
带／交通卡

例 A 这儿 只 能 用 学生证 。 *只：～だけ，能：～できる
Zhèr zhǐ néng yòng xuéshēngzhèng

B 如果 带 学生证 ，就 好 了。
Rúguǒ dài xuéshēngzhèng , jiù hǎo le.

3 単純方向補語

带来／一张信用卡

带去／一点儿现金

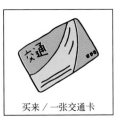
带来／一张会员卡

买来／一张交通卡

例 A 西山 带来 什么？
Xīshān dàilai shénme?

B 西山 带来 一 张 信用卡 。
Xīshān dàilai yì zhāng xìnyòngkǎ .

🔊 57 **1** 質問に対する答えを自由に書きなさい。

① ....

② ....

③ ....

2 以下の日本語の文を中国語に訳しなさい。

① 日本の大学が追いつくのを期待します。

....

② もし Apple Pay で支払えれば良いのに。

....

③ 中国の大学では、学生証は食事券でもあります。

....

3 会話を完成させなさい。

A： 今天 在 我 家 吃饭 吧。
　　Jīntiān zài wǒ jiā chīfàn ba.

B： 好 啊。 叫 外卖 吧。　　＊叫外卖：出前を取る
　　Hǎo a. Jiào wàimài ba.

A： 可以 用 .... 吗？
　　Kěyǐ yòng　　　　　　　ma?

B： 不 能。
　　Bù néng.

A： 可以 用 .... 吗？
　　Kěyǐ yòng　　　　　　　ma?

B： 可以 用 .... 。
　　Kěyǐ yòng　　　　　　　.

是|我|包|的

🔊 58

明理：水饺 真 好吃，是 谁 包 的？
　　　Shuǐjiǎo zhēn hǎochī, shì shéi bāo de?

田天：我 包 的。来，吃 点儿 蒜。
　　　Wǒ bāo de. Lái, chī diǎnr suàn.

明理：不 吃。给 我 拿 点儿 酱油 和 白醋。
　　　Bù chī. Gěi wǒ ná diǎnr jiàngyóu hé báicù.

田天：水饺 和 黑醋 一起 吃。
　　　Shuǐjiǎo hé hēicù yìqǐ chī.

明理：主食 呢？
　　　Zhǔshí ne?

田天：饺子 就 是 主食。
　　　Jiǎozi jiù shì zhǔshí.

生词　🔊 59

☐ ❶ 水饺 shuǐjiǎo 水餃子
☐ ❷ 好吃 hǎochī 美味しい
☐ ❸ 包 bāo 包む
☐ ❹ 来 lái さあ
☐ ❺ 蒜 suàn ニンニク
☐ ❻ 给 gěi 〜に
☐ ❼ 拿 ná 取る
☐ ❽ 点儿 diǎnr 少し

☐ ❾ 酱油 jiàngyóu 醬油
☐ ❿ 和 hé 〜と
☐ ⓫ 白醋 báicù お酢
☐ ⓬ 黑醋 hēicù 黒酢
☐ ⓭ 一起 yìqǐ 一緒に
☐ ⓮ 饺子 jiǎozi 餃子
☐ ⓯ 主食 zhǔshí 主食

🔊 60

1 強調構文 "是…的"

主語＋ 是 ＋手段／時間／場所／人＋的
主語＋不是＋手段／時間／場所／人＋的

❶ 这些饺子是我包的。　　　Zhèxiē jiǎozi shì wǒ bāo de.
❷ 麻婆豆腐不是今天做的。　Mápó dòufu bú shì jīntiān zuò de.　　＊做：作る

2 介詞 "给"

主語＋给＋動作の対象＋動詞（＋目的語）

❶ 我给日本朋友做上海菜。　　Wǒ gěi Rìběn péngyou zuò shànghǎi cài.
❷ 西山的哥哥给西山买珍珠奶茶。　Xīshān de gēge gěi Xīshān mǎi zhēnzhū nǎichá.

3 介詞 "和"

主語＋和＋動作共にする対象＋動詞（＋目的語）

❶ 西山和留学生一起去吃北京烤鸭。　Xīshān hé liúxuéshēng yìqǐ qù chī běijīng kǎoyā.
❷ 我和姐姐一起包饺子。　　　Wǒ hé jiějie yìqǐ bāo jiǎozi.

现学现用 ✏   🔊 61

1. 麻婆豆腐 mápó dòufu	8. 中秋节 Zhōngqiū Jié	15. 做拉面 zuò lāmiàn
2. 上海菜 shànghǎi cài	9. 元宵节 Yuánxiāo Jié	16. 炸麻团 zhá mátuán
3. 珍珠奶茶 zhēnzhū nǎichá	10. 粽子 zòngzi	17. 炖排骨 dùn páigǔ
4. 北京烤鸭 běijīng kǎoyā	11. 月饼 yuèbing	18. 汉堡包 hànbǎobāo
5. 寿司 shòusī	12. 汤圆 tāngyuán	19. 酸辣汤 suānlàtāng
6. 端午节 Duānwǔ Jié	13. 炒菜 chǎocài	20. 蛋炒饭 dànchǎofàn
7. 春节 Chūnjié	14. 蒸包子 zhēng bāozi	

例にならって会話練習をしてみよう。　🔊)) 62

1　強調構文"是…的"

端午节／吃／粽子

春节／包／饺子

中秋节／买／月饼

元宵节／做／汤圆

例　Ⓐ　你　是　什么　时候　吃　的　粽子　？
　　　Nǐ　shì　shénme　shíhou　chī　de　zòngzi　?

　　Ⓑ　我　是　端午节　吃　的　粽子　。
　　　Wǒ　shì　Duānwǔjié　chī　de　zòngzi　.

2　介詞"给"

爸爸／炒菜

妈妈／蒸包子

爷爷／做拉面

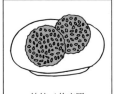
妹妹／炸麻团

例　Ⓐ　你　给　谁　炒菜　？
　　　Nǐ　gěi　shéi　chǎocài　?

　　Ⓑ　我　给　爸爸　炒菜　。
　　　Wǒ　gěi　bàba　chǎocài　.

3　介詞"和"

奶奶／炖排骨

哥哥／吃汉堡包

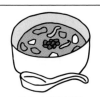
弟弟／喝酸辣汤

姐姐／做蛋炒饭

例　Ⓐ　你　和　谁　一起　炖　排骨　？
　　　Nǐ　hé　shéi　yìqǐ　dùn　páigǔ　?

　　Ⓑ　我　和　奶奶　一起　炖　排骨　。
　　　Wǒ　hé　nǎinai　yìqǐ　dùn　páigǔ　.

🔊 63 **1** 質問に対する答えを自由に書きなさい。

① ....

② ....

③ ....

2 以下の日本語の文を中国語に訳しなさい。

① 兄は端午節にちまきを食べたのです。

....

② 姉は母のためにゴマ団子を揚げます。

....

③ 西山さんはお兄さんと一緒に玉子チャーハンを食べに行きます。

....

3 会話を完成させなさい。

A： 你 吃 什么 ？
Nǐ chī shénme?

B： 我 吃 ＿＿＿＿ 和 ＿＿＿＿ 的 套餐。 ＊套餐：セット
Wǒ chī hé de tàocān.

A： 都 是 ＿＿＿＿ ， 没 菜 啊。
Dōu shì , méi cài a.

B： 中国 没有 这样 的 套餐 吗 ？
Zhōngguó méiyǒu zhèyàng de tàocān ma?

A： ＿＿＿＿ 。
。

B： 在 日本 很 普通。 ＊普通：普通
Zài Rìběn hěn pǔtōng.

开|得|很|好

🔊 64

田天： **你 会 开车 吗？**
Nǐ huì kāichē ma?

明理： **我 不 会。你 呢？**
Wǒ bú huì. Nǐ ne?

田天： **我 会。我 开车 开得 很 好。**
Wǒ huì. Wǒ kāichē kāide hěn hǎo.

明理： **在 中国 多 大 能 考 驾照？**
Zài Zhōngguó duō dà néng kǎo jiàzhào?

田天： **18 岁。我 就 是 18 岁 拿到 驾照 的。**
Shíbā suì. Wǒ jiù shì shíbā suì nádào jiàzhào de.

明理： **在 日本 也 是 18 岁。**
Zài Rìběn yě shì shíbā suì.

 生词 🔊 65

□ ❶ 会 huì ～できる （習得）
□ ❷ 开车 kāichē 車を運転する
□ ❸ 得 de 様態補語を導く
□ ❹ 多大 duō dà 何歳
□ ❺ 能 néng ～できる （条件）
□ ❻ 考 kǎo 試験を受ける
□ ❼ 驾照 jiàzhào 運転免許証
□ ❽ 就 jiù ほかでもなく （肯定の強調）
□ ❾ 岁 suì ～歳
□ ❿ 到 dào ～に至る

49

🔊 66

1 樣態補語

主語＋動詞＋得＋形容詞
主語＋動詞＋目的語＋動詞＋得＋形容詞
主語＋動詞＋目的語＋動詞＋得＋不＋形容詞

❶ 我弟弟刹车刹得很急。　　Wǒ dìdi shāchē shāde hěn jí.　　*急：急である
❷ 他擦车窗擦得不干净。　　Tā cā chēchuāng cāde bù gānjìng.　　*干净：きれいである

2 結果補語

主語＋動詞＋結果補語（＋目的語）
主語＋没（有）＋動詞＋結果補語（＋目的語）

❶ 西山听见了铁路道口的警报声。　Xīshān tīngjiànle tiělù dàokǒu de jǐngbàoshēng.
❷ 他没看到红灯。　　　　　　　　Tā méi kàndào hóngdēng.

3 能願動詞 "会"（習得）

主語＋会＋動詞（＋目的語）
主語＋不＋会＋動詞（＋目的語）

❶ 田天会修车。　　　　Tián Tiān huì xiūchē.
❷ 他不会换轮胎。　　　Tā bú huì huàn lúntāi.

现学现用

🔊 67

1. 刹车 shāchē

2. 擦车窗 cā chēchuāng

3. 铁路道口 tiělù dàokǒu

4. 警报声 jǐngbàoshēng

5. 红灯 hóngdēng

6. 修车 xiūchē

7. 换轮胎 huàn lúntāi

8. 洗车 xǐchē

9. 红绿灯 hónglǜdēng

10. 骑摩托车 qí mótuōchē

11. 开游艇 kāi yóutǐng

趁热打铁

例にならって会話練習をしてみよう。 🔊 68

1 様態補語

开车 / 很好

换轮胎 / 很快

洗车 / 很干净

开车 / 不好

例 A 你 开车 开 得 怎么样？ ＊怎么样：どうですか
Nǐ kāichē kāi de zěnmeyàng?

B 我 开车 开 得 很 好。
Wǒ kāichē kāi de hěn hǎo.

2 結果補語

拿到 / 驾照

听见 / 警报声

看到 / 红绿灯

换好 / 轮胎

例 A 你 拿到 驾照 了 吗？
Nǐ nádào jiàzhào le ma?

B 我 拿到 驾照 了。
Wǒ nádào jiàzhào le.

3 能願動詞 "会"

你(我) / 开车

她 / 骑摩托车

你(我)姐姐 / 开游艇

她哥哥 / 换轮胎

例 A 你 会 开车 吗？
Nǐ huì kāichē ma?

B 我 会 开车。
Wǒ huì kāichē.

🔊 69 **1** 質問に対する答えを自由に書きなさい。

① ....

② ....

③ ....

2 以下の日本語の文を中国語に訳しなさい。

① 西山さんはお酒を飲むことができません。

....

② 田天さんは車を修理するのが上手くありません。

....

③ 彼らは警報音が聞こえませんでした。

....

3 会話を完成させなさい。

A：你 会 ＿＿＿＿＿＿ 吗？
　　Nǐ huì 　　　　　　ma?

B：＿＿＿＿＿＿。你 呢？
　　　　　　　　. Nǐ ne?

A：我 不 会。我 会 ＿＿＿＿＿＿。
　　Wǒ bú huì. Wǒ huì 　　　　　.

B：你 骑得 怎么样？
　　Nǐ qíde zěnmeyàng?

A：我 ＿＿＿＿＿＿。
　　Wǒ 　　　　　.

B：你 要 注意 安全 啊。
　　Nǐ yào zhùyì ānquán a.

我｜起｜不｜来

◁)) 70

明理： 你 又 迟到 了。
　　　 Nǐ　yòu　chídào　le.

田天： 对不起， 我 早上 起不来。
　　　 Duìbuqǐ,　　wǒ　zǎoshang　qǐbulái.

明理： 看来， 我 得 送 你 一 个 闹钟。
　　　 Kànlái,　wǒ　děi　sòng　nǐ　yí　ge　nàozhōng.

田天： 那 可 不 行。 不 能 送 人 闹钟。
　　　 Nà　kě　bù　xíng.　Bù　néng　sòng　rén　nàozhōng.

明理： 为 什么？
　　　 Wèi　shénme?

田天： "钟" 跟 "终" 发音 一样， 不 好。
　　　 "Zhōng"　gēn　"zhōng"　fāyīn　yíyàng,　bù　hǎo.

生词 ◁)) 71

- ❶ 又 yòu また
- ❷ 迟到 chídào 遅刻する
- ❸ 对不起 duìbuqǐ ごめんなさい
- ❹ 起不来 qǐbulái 起きられない
- ❺ 看来 kànlái 見たところ
- ❻ 得 děi ～しなければならない
- ❼ 送 sòng プレゼントする
- ❽ 个 ge ～個
- ❾ 闹钟 nàozhōng 目覚まし時計
- ❿ 可 kě 強調
- ⓫ 钟 zhōng 置時計
- ⓬ 终 zhōng 終わり
- ⓭ 发音 fāyīn 発音
- ⓮ 一样 yíyàng 同じである

🔊 72

① 可能補語

主語＋動詞＋得＋結果補語／方向補語（＋目的語）
主語＋動詞＋不＋結果補語／方向補語（＋目的語）

❶ 我奶奶买得起扫地机器人。　　Wǒ nǎinai mǎideqǐ sǎodì jīqìrén.

❷ 我家的电视看不了了。　　Wǒ jiā de diànshì kànbuliǎo le.

② 二重目的語文

主語＋動詞＋目的語１（ひと）＋目的語２（もの）

❶ 售货员告诉西山卷发棒的价格。　　Shòuhuòyuán gàosu Xīshān juǎnfàbàng de jiàgé.

❷ 田天教弟弟平板电脑的用法。　　Tián Tiān jiāo dìdi píngbǎn diànnǎo de yòngfǎ.

③ 比較表現 "跟…一样"

主語＋跟＋比較対象＋一样（＋形容詞）
主語＋跟＋比較対象＋不＋一样

❶ 手机的拍照功能跟数码相机一样好。

Shǒujī de pāizhào gōngnéng gēn shùmǎ xiàngjī yíyàng hǎo.

❷ 我的电脑跟她的不一样。　　Wǒ de diànnǎo gēn tā de bù yíyàng.

现学现用 ✏ 🔊 73

1. 买得起 mǎideqǐ	7. 价格 jiàgé	13. 电脑 diànnǎo
2. 扫地机器人 sǎodì jīqìrén	8. 平板电脑 píngbǎn diànnǎo	14. 修得了 xiūdeliǎo
3. 卷发棒 juǎnfàbàng	9. 用法 yòngfǎ	15. 用得了 yòngdeliǎo
4. 电视 diànshì	10. 手机 shǒujī	16. 电饭锅 diànfànguō
5. 画面 huàmiàn	11. 拍照功能 pāizhào gōngnéng	17. 吸尘器 xīchénqì
6. 看不清楚 kànbuqīngchu	12. 数码相机 shùmǎ xiàngjī	18. 看不了 kànbuliǎo

趁热打铁

例にならって会話練習をしてみよう。 🔊 74

1　可能補語

| 买得起／平板电脑 | 看得清楚／画面 | 修得了／电脑 | 买得起／新手机 |

例 Ⓐ 西山　　买得起　　平板　电脑　　吗？
　　Xīshān　mǎideqǐ　píngbǎn diànnǎo　ma?

　 Ⓑ 西山　　买得起　　平板　电脑　　。
　　Xīshān　mǎideqǐ　píngbǎn diànnǎo　.

2　二重目的語文

| 你(我)妹妹／电脑 | 西山／数码相机 | 你(我)妈妈／扫地机器人 | 你(我)奶奶／手机 |

例 Ⓐ 你　送　你　妹妹　什么？
　　Nǐ　sòng　nǐ　mèimei　shénme?

　 Ⓑ 我　送　我　妹妹　　电脑　。
　　Wǒ　sòng　wǒ　mèimèi　diànnǎo　.

3　比較表現"跟…一样"

   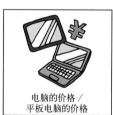

| 你(我)家的电饭锅／他家的电饭锅 | 西山的手机／田天的手机 | 你(我)家的吸尘器／他家的吸尘器 | 电脑的价格／平板电脑的价格 |

例 Ⓐ 你 家 的 电饭锅　跟　他 家 的 电饭锅　一样 吗？
　　Nǐ　jiā de diànfànguō　gēn　tā jiā de diànfànguō　yíyàng ma?

　 Ⓑ 我 家 的 电饭锅　跟　他 家 的 电饭锅　一样。
　　Wǒ jiā de diànfànguō　gēn　tā jiā de diànfànguō　yíyàng.

◁)) 75 **1** 質問に対する答えを自由に書きなさい。

① ....

② ....

③ ....

2 以下の日本語の文を中国語に訳しなさい。

① 私は朝起きられません。

....

② 西山さんは妹にタブレットの使い方を教えます。

....

③ 携帯電話の撮影機能はデジタルカメラと同じくらい良いです。

....

3 会話を完成させなさい。

A： 我　想　送　................　一　个　................。
　　 Wǒ xiǎng sòng　　　　　　 yí ge　　　 .

B： 为　什么？
　　 Wèi shénme?

A： 我　................　的　................　坏　了。
　　 Wǒ　　　　de　　　　　 huài le.

B： 修得了　吗？
　　 Xiūdeliǎo ma?

A： ....。
　　　　　　.

B： 我　陪　你　去　吧。　　*陪：付き添う
　　 Wǒ péi nǐ qù ba.

请 你 吃 面

明理： **生日 快乐！**
Shēngrì kuàilè!

田天： **你 怎么 知道 今天 是 我 的 生日？**
Nǐ zěnme zhīdao jīntiān shì wǒ de shēngrì?

明理： **我 看过 你 的 微博。**
Wǒ kànguo nǐ de Wēibó.

田天： **这 都 被 你 知道 了？**
Zhè dōu bèi nǐ zhīdao le?

明理： **这 是 我 送 你 的 礼物，**
Zhè shì wǒ sòng nǐ de lǐwù,

都 是 你 喜欢 的。
dōu shì nǐ xǐhuan de.

田天： **谢谢！ 中午 请 你 吃 我 的 长寿面。**
Xièxie! Zhōngwǔ qǐng nǐ chī wǒ de chángshòumiàn.

生词 🔊 77

- ① 生日 shēngrì 誕生日
- ② 快乐 kuàilè 楽しい
- ③ 怎么 zěnme なぜ、どうして
- ④ 知道 zhīdao 知っている
- ⑤ 过 guo 〜したことがある
- ⑥ 微博 Wēibó ウェイボー
- ⑦ 被 bèi 〜される
- ⑧ 礼物 lǐwù プレゼント
- ⑨ 喜欢 xǐhuan 好きだ
- ⑩ 谢谢 xièxie ありがとう
- ⑪ 请 qǐng 〜に…してもらう
- ⑫ 长寿面 chángshòumiàn
  長寿を願う麺

🔊 78

1 経験のアスペクト "过"

主語＋動詞＋过（＋目的語）
主語＋没（有）＋動詞＋过（＋目的語）

❶ 我看过她的朋友圈。　　　Wǒ kànguo tā de péngyouquān.
❷ 田天没用过脸书。　　　　Tián Tiān méi yòngguo Liǎnshū.

2 受身文

主語＋被（＋動作主）＋動作＋その他の要素
主語＋没（有）＋被＋動作主＋動作＋その他の要素

❶ 那张照片被发到推特了。　Nà zhāng zhàopiàn bèi fādào Tuītè le.　　＊张：〜枚
❷ 她的好友申请没被通过。　Tā de hǎoyǒu shēnqǐng méi bèi tōngguò.　　＊通过：承認する

3 "请" を用いた兼語文

主語＋请＋依頼対象／動作主＋動詞（＋目的語）

❶ 我请姐姐点赞。　　　　　Wǒ qǐng jiějie diǎnzàn.
❷ 西山请田天看视频。　　　Xīshān qǐng Tián Tiān kàn shìpín.

现学现用 ✏　　　🔊 79

1. 朋友圈 péngyouquān

2. 脸书 Liǎnshū

3. 照片 zhàopiàn

4. 发到 fādào

5. 推特 Tuītè

6. 好友申请 hǎoyǒu shēnqǐng

7. 点赞 diǎnzàn

8. 看视频 kàn shìpín

9. 发短信 fā duǎnxìn

10. LINE 转账 LINE zhuǎnzhàng

11. 视频聊天儿 shìpín liáotiānr

12. 分享 fēnxiǎng

趁热打铁

例にならって会話練習をしてみよう。 🔊 80

1 経験のアスペクト "过"

| 发／朋友圈 | 用／脸书 | 看／微博／没看过 | 发／短信 |

例
A 你 __发__ __过__ __朋友圈__ 吗？
　 Nǐ　fā　guo　péngyouquān　ma?

B 我 __发__ __过__ __朋友圈__ 。
　 Wǒ　fā　guo　péngyouquān　.

2 受身文

| 年龄／知道 | 好友申请／通过 | 生日／知道 | 照片／发到微博上 |

例 我 的 __年龄__ 被 他 __知道__ 了。
　 Wǒ de　niánlíng　bèi tā　zhīdao　le.

3 "请"を用いた兼語文

| 田天／LINE 转账 | 妹妹／视频聊天儿 | 他／分享照片 | 我／看视频 |

例
A 西山 请 __田 天__ 做 什么？
　 Xīshān qǐng　Tián Tiān　zuò shénme?

B 西山 请 __田 天__ __LINE 转帐__ 。
　 Xīshān qǐng　Tián Tiān　LINE zhuǎnzhàng　.

🔊 81 **1** 質問に対する答えを自由に書きなさい。

① ....

② ....

③ ....

2 以下の日本語の文を中国語に訳しなさい。

① 田天さんは WeChat pay を使ったことがありません。

....

② あの写真は Twitter に投稿されました。

....

③ 私は友人に私の友達申請を承認してもらいます。

....

3 会話を完成させなさい。

A： 你　用过　..................　吗？
　　Nǐ　yòngguo　　　　　　ma?

B： 用过。
　　Yòngguo.

A： 能　请　你　..................　吗？
　　Néng　qǐng　nǐ　　　　　　ma?

B： 没　问题。
　　Méi　wèntí.

A： 我　想　..................　。
　　Wǒ　xiǎng　　　　　　.

B： 先　..........，然后　按　".........."。
　　Xiān　　　，ránhòu　àn　"　　　".

让 我 参观

🔊 82

明理： 欢迎 欢迎。 快 请 进。
Huānyíng huānyíng. Kuài qǐng jìn.

田天： 谢谢！ 让 我 参观 一下， 好 吗？
Xièxie! Ràng wǒ cānguān yíxià, hǎo ma?

明理： 当然 可以。
Dāngrán kěyǐ.

田天： 哇， 墙上 挂着 一 幅 油画儿！ 真 漂亮！
Wà, qiángshang guàzhe yì fú yóuhuàr! Zhēn piàoliang!

明理： 我 爸爸 有 一 个 朋友 是 画家， 是 他 送 的。
Wǒ bàba yǒu yí ge péngyou shì huàjiā, shì tā sòng de.

田天： 在 中国 挂 婚纱照 的 家庭 比较 多。
Zài Zhōngguó guà hūnshāzhào de jiātíng bǐjiào duō.

生词 🔊 83

- ☐ ❶ 欢迎 huānyíng 歓迎する
- ☐ ❷ 快 kuài 速い
- ☐ ❸ 请 qǐng どうぞ〜してください
- ☐ ❹ 进 jìn 入る
- ☐ ❺ 让 ràng 〜させる
- ☐ ❻ 参观 cānguān 見て回る
- ☐ ❼ 墙上 qiángshang 壁の上
- ☐ ❽ 挂 guà 掛ける
- ☐ ❾ 幅 fú 〜幅
- ☐ ❿ 油画儿 yóuhuàr 油絵
- ☐ ⓫ 漂亮 piàoliang 美しい
- ☐ ⓬ 爸爸 bàba お父さん
- ☐ ⓭ 朋友 péngyou 友人
- ☐ ⓮ 画家 huàjiā 画家
- ☐ ⓯ 婚纱照 hūnshāzhào 前撮り写真
- ☐ ⓰ 家庭 jiātíng 家庭、家
- ☐ ⓱ 比较 bǐjiào 比較的に

🔊 84

1 使役表現

主語＋叫／让＋使役の対象／動作主＋動詞（＋目的語）
主語＋不／没（有）＋叫／让＋使役の対象／動作主＋動詞（＋目的語）

❶ 西山让田天做书架。　　　Xīshān ràng Tián Tiān zuò shūjià.
❷ 妈妈不让我买新衣柜。　　Māma bú ràng wǒ mǎi xīn yīguì.

2 存現文

場所＋動詞＋着＋ひと／もの（存在）
場所＋動詞＋了＋ひと／もの（出現・消失）

❶ 餐桌旁边放着两把椅子。　Cānzhuō pángbiān fàngzhe liǎng bǎ yǐzi.　　＊旁边：となり
❷ 客厅里多了一套女儿节娃娃。Kètīng li duōle yí tào nǚ'érjié wáwa.　　＊套：～セット

3 "有"を用いた兼語文

主語＋有＋ひと・もの＋動詞＋目的語

❶ 我有一个朋友是画家。　　Wǒ yǒu yí ge péngyou shì huàjiā.
❷ 我姐姐有一个朋友是老师。Wǒ jiějie yǒu yí ge péngyou shì lǎoshī.

现学现用 ✏️　　　　　　　　🔊 85

1. 书架 shūjià

2. 衣柜 yīguì

3. 餐桌 cānzhuō

4.（把）椅子 (bǎ) yǐzi

5. 客厅 kètīng

6.（套）女儿节娃娃
　　(tào) nǚ'érjié wáwa

7. 碗 wǎn

8. 整理 zhěnglǐ

9. 擦 cā

10. 橱柜 chúguì

11. 搬 bān

12.（个）沙发 (ge) shāfā

13.（幅）山水画
　　(fú) shānshuǐhuà

14. 家具 jiājù

15.（张）床 (zhāng) chuáng

16. 设计师 shèjìshī

17. 木匠 mùjiàng

18. 摄影师 shèyǐngshī

例にならって会話練習をしてみよう。 🔊 86

1 使役表現

西山／整理书架

朋友／画油画儿

你／擦橱柜

他／搬家具

例 A 田 天 让 西山 做 什么？
Tián Tiān ràng Xīshān zuò shénme?

B 田 天 让 西山 整理 书架 。
Tián Tiān ràng Xīshān zhěnglǐ shūjià .

2 存现文

挂／一幅山水画

放／两个沙发

挂／婚纱照

放／一套女儿节娃娃

例 A 那儿 挂 着 什么？
Nàr guà zhe shénme?

B 那儿 挂 着 一 幅 山水画 。
Nàr guà zhe yì fú shānshuǐhuà .

3 "有"を用いた兼語文

朋友／画家

学生／设计师

哥哥／木匠

朋友／摄影师

例 我 有 一 个 朋友 是 画家 。
Wǒ yǒu yí ge péngyou shì huàjiā .

🔊 87 **1** 質問に対する答えを自由に書きなさい。

① ....

② ....

③ ....

2 以下の日本語の文を中国語に訳しなさい。

① 母は私に新しい本棚を買わせてくれる。

....

② 西山さんには画家の友人が一人います。

....

③ 中国人の家にはよく結婚の前撮り写真がかかっています。

....

3 会話を完成させなさい。

A： 我 有 一 个 叔叔 是 ....。
　　Wǒ yǒu yí ge shūshu shì ....

B： 请 他 给 我 画 一 幅 画儿 吧。
　　Qǐng tā gěi wǒ huà yì fú huàr ba.

A： 画 什么？
　　Huà shénme?

B： 画 ....。
　　Huà ....

A： 你 家 墙上 .... 吧？
　　Nǐ jiā qiángshang .... ba?

B： 那 不 是 画，那 是 照片。
　　Nà bú shì huà, nà shì zhàopiàn.

索　引

著者

宮本大輔　長野大学　准教授

温　琳　麗澤大学　准教授

表紙・本文デザイン　小熊未央
イラスト　メディア・アート

実用シーンで学ぶ入門中国語

検印 省略	© 2021 年 1 月 15 日　初 版 発 行

著　者	宮本大輔 温　琳
発行者	原　　雅　久
発行所	株式会社 朝 日 出 版 社

〒 101-0065 東京都千代田区西神田 3-3-5
電話 (03) 3239-0271・72 (直通)
振替口座　東京　00140-2-46008
http://www.asahipress.com/
倉敷印刷